ISBN 9788411744263 © Eve Stars, 2023

Impresión y editorial: BoD – Books on Demand
info@bod.com.es – www.bod.com.es
Impreso en Alemania – Printed in Germany

Este libro pertenece a este extraordinario, inteligente y especial Géminis:

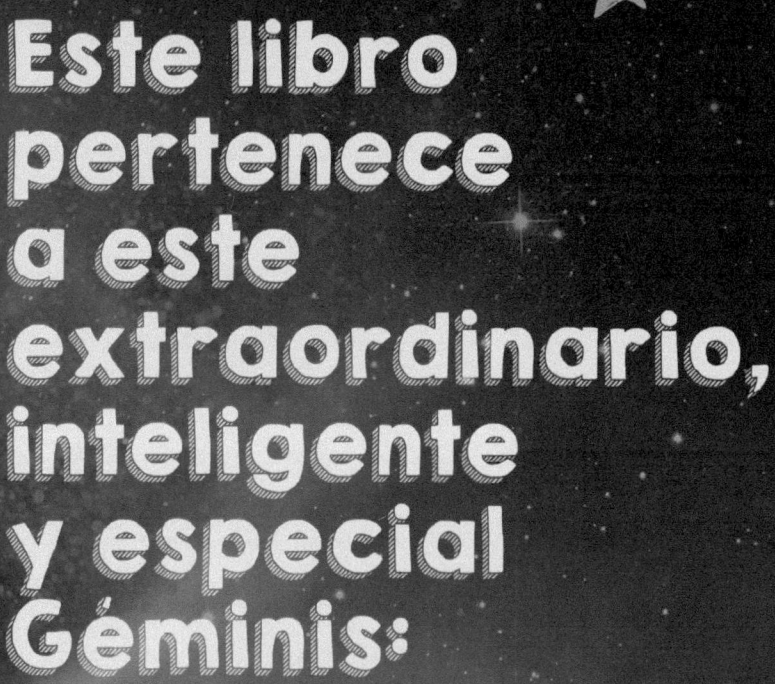

géminis

21 DE MAYO – 20 DE JUNIO

ERES CARIÑOSO Y (COMUNICATIVO,)
VERSÁTIL Y ELOCUENTE.
UNO DE LOS MÁS
INTELIGENTES DEL ZODIACO.
TE GUSTA HACER VARIAS COSAS
A LA VEZ.

ENÉRGICO

ADAPTABLE

BUEN AMIGO

CHARLATÁN

SIMPÁTICO

DIALOGANTE

ERES UN SIGNO DE AIRE,
JOVIAL, AMABLE Y...

VITAL.

ERES EL

MÁS DIVERTIDO

DEL ZODÍACO

TU EMPLAZAMIENTO NATURAL
ES LA TERCERA CASA,
LA CASA DE LA COMUNICACIÓN.

AGILIDAD MENTAL, APRENDIZAJE,
VIAJES CORTOS.

GÉMINIS ESTÁ GOBERNADO POR

MERCURIO

SOY TU
COLEGA
FIEL

COLORES: BLANCO, AMARILLO, AZAFRÁN. VÍSTETE CON ESTOS COLORES CUANDO QUIERAS LIGAR Y SERÁS IRRESISTIBLE (SI ES POSIBLE SERLO AÚN MÁS)

PIEDRAS: CRISTAL, BERILO, TOPACIO. CUANDO TROPIECES DOS VECES, COMO SUELES HACER, QUE SEA AL MENOS CON ALGUNA DE ESTAS PIEDRAS

ÁRBOLES: NOGAL, HAYA. ABRÁZATE A UNO DE ESTOS ÁRBOLES CUANDO ESTÉS DE BAJONA. TE QUIEREN

FLORES: LIRIO DEL VALLE, LAVANDA, CLAVEL. LOS VULGARES RAMOS DE ROSAS NO ESTÁN A TU ALTURA. EXIGE MÁS

Hablemos claro, Géminis

GÉMINIS ES EL SIGNO DE LOS GEMELOS Y COMO TAL TU CARÁCTER ES DOBLE, BASTANTE COMPLEJO Y CONTRADICTORIO. POR UN LADO ERES VERSÁTIL, PERO POR EL OTRO PUEDES SER POCO SINCERO.

TIENES LA FELICIDAD, EL EGOCENTRISMO, LA IMAGINACIÓN Y LA INQUIETUD DE LOS NIÑOS. SUELES EMPEZAR NUEVAS ACTIVIDADES Y RETOS CON ENTUSIASMO PERO MUCHAS VECES TE FALTA LA CONSTANCIA PARA TERMINARLOS. CONSIDERAS QUE LA VIDA ES COMO UN JUEGO Y BUSCAS LA DIVERSIÓN Y SITUACIONES NUEVAS.

SUELES SER CORTÉS, CARIÑOSO, AMABLE Y GENEROSO. A VECES UTILIZAS TUS ATRIBUTOS PARA CONSEGUIR TUS PROPIOS OBJETIVOS Y ERES CAPAZ DE RECURRIR A LA MENTIRA SIN PERDER TU ENCANTO CON TAL DE OBTENER LO QUE QUIERES.

TE DESANIMAS CON FACILIDAD CUANDO NO CONSIGUES LO QUE QUIERES Y TE GUSTA RECIBIR ATENCIÓN, REGALOS Y HALAGOS. NORMALMENTE TIENES QUE ESFORZARTE PARA NO DESANIMARTE CUANDO LAS COSAS SE PONEN DIFÍCILES.

TU INTELIGENCIA Y CAPACIDAD MENTAL HACEN QUE TE ENCANTEN LOS RETOS CEREBRALES Y ADQUIRIR NUEVOS CONOCIMIENTOS, AUNQUE EL PROCESO DE APRENDIZAJE TIENDE A ABURRIRTE, TIENES GRAN CAPACIDAD ANALÍTICA.

ERES CURIOSO, ADAPTABLE Y CAPAZ DE COMPARTIR IDEAS PERO SUELES DISPERSAR LA ENERGÍA EN DEMASIADOS LUGARES A LA VEZ.

COMO SIGNO MUTABLE QUE ERES, GÉMINIS FLUYE Y NO SE QUEDA ESTANCADO EN NINGÚN ESTADO. ESTÁS ABIERTO A LAS IMPRESIONES DEL ENTORNO; TODO LO NUEVO TE INTRIGA Y APRENDES RELACIONANDO ELEMENTOS ENTRE SÍ Y BUSCANDO CONEXIONES ENTRE LOS OPUESTOS. INTENTAS COMPRENDER LO OBSERVADO DE UNA MANERA MENTAL, YA QUE ERES UN SIGNO DE AIRE.

Amuletos para Géminis

¿CREEMOS EN LAS FUERZAS OCULTAS? ¡SÍÍÍÍ! ¿Y CREEMOS EN LOS AMULETOS? ¡TAMBIÉÉÉÉN! PUES TIRA YA ESA PATA DE CONEJO RANCIA, ESTOS SON LOS AMULETOS QUE TE AYUDARÁN A CONSEGUIR TODAS TUS METAS.

LOS AMULETOS MÁS EFECTIVOS PARA GÉMINIS SON LOS OBJETOS QUE SE ENSAMBLAN, COMO BROCHES, CONCHAS, ALHAJAS... TODO AQUELLO QUE DE UNA U OTRA MANERA SIMBOLIZA LA UNIÓN DE LO QUE SE COMPLEMENTA, DE LO QUE HA LLEGADO DE LEJOS PARA UNIRSE DE NUEVO. TODO OBJETO CON ESTA SENCILLA PARTICULARIDAD SE CONVIERTE EN UN AMULETO QUE DEBE ACOMPAÑARTE EN TODOS TUS ACTOS COTIDIANOS.

COLOR GRIS. EL COLOR QUE TE TRAERÁ MAYOR VENTURA SI TE ENCUENTRAS RODEADO DE ÉL ES AQUEL QUE PERTENECE A TU ANIMAL DE PODER: LA LECHUZA. TODAS

LAS TRADICIONES ASEGURAN QUE LAS LECHUZAS GRISES SON SÍMBOLO DE LA SABIDURÍA Y DE LA VISIÓN QUE VA MÁS ALLÁ DE LO EVIDENTE. ADEMÁS, EL GRIS ES UN MANIFIESTO DE QUE NO CREEMOS QUE HAY SÓLO LO BLANCO Y LO NEGRO. ASÍ QUE VISTE ESE COLOR, ÚSALO EN TUS PAREDES Y PERTENENCIAS, ELIJE TODO LO QUE, DE ALGUNA MANERA, TIENE UNA RELACIÓN DIRECTA CON ÉL.

MERCURIO. RELACIONADO CON TU PLANETA REGENTE: MERCURIO. SI BIEN ES UN TANTO DIFÍCIL OBTENERLO DE MANERA DIRECTA, PUES SU CONTACTO ES NOCIVO PARA LA SALUD, SE PUEDE CONSEGUIR UN POCO EN LA FORMA DE UN TERMÓMETRO TRADICIONAL. MERCURIO ES UN MENSAJERO Y ESA ES LA FUNCIÓN QUE CUMPLE DENTRO DE UN TERMÓMETRO: DAR CUENTA DEL ESTADO DEL CUERPO. TEN ESE TERMÓMETRO CERCA DE TI COMO UN PEQUEÑO OBJETO DE PODER. RECUERDA QUE NO ES EL AMULETO EN SÍ LO QUE IMPORTA, SINO LO QUE HACES DE ÉL.

DIAMANTE. ESTA PIEDRA TRANSLÚCIDA ES EL MEJOR IMÁN PARA LA SUERTE QUE PUEDE TENER UN GÉMINIS, PUES REÚNE EN SÍ MISMA LAS BONDADES DE LA ROCA Y DEL CRISTAL, EL COLOR DEL AGUA Y LA MEMORIA DE LA TIERRA. ES UNA JOYA DOBLE, COMO LA NATURALEZA DE

GÉMINIS. ES UN SÍMBOLO QUE NO SÓLO TE REPRESENTA A LA PERFECCIÓN: ES UNA JOYA QUE CONVOCA A LOS OPUESTOS Y LOS HACE UNO. PUEDES USARLO COMO UNA JOYA O COMO UN OBJETO EN LA DECORACIÓN DE TU CASA.

ROSA. EL SÍMBOLO POR ANTONOMASIA DE LA ALQUIMIA (CUYO OBJETIVO ES LA CREACIÓN DE LA PIEDRA FILOSOFAL QUE HA DE PRODUCIR AL ANDRÓGINO) ES LA FLOR QUE ATRAERÁ PARA GÉMINIS LAS MEJORES VIBRACIONES. LA ROSA CON SU DULCE PERFUME, SEA EN UNA MACETA O EN UN FLORERO, SERÁ EL MEJOR AMULETO VIVIENTE PARA TU HOGAR Y PARA TU VIDA.

AMULETO DOMÉSTICO PARA GÉMINIS

LOS PÉTALOS DE ROSA SON UNO DE LOS MEJORES AMULETOS CASEROS PARA UN GÉMINIS. TODO LO QUE NECESITAS ES CONSAGRARLO.
PARA ELLO LLENA UNA JARRÓN DE COLOR ROJO VIVO CON AGUA DE LLUVIA Y COLOCA SOBRE DE ELLA PÉTALOS DE ROSA BLANCA Y ROJA. DÉJALO AL AIRE LIBRE EN EL CENTRO DE UN CÍRCULO DE VELAS ROJAS Y BLANCAS HASTA QUE TODAS LAS VELAS SE CONSUMAN. USA EL AGUA PARA UN BAÑO PURIFICADOR.

Tus miedos

COMO BIEN SABES, DEBIDO A TU CARÁCTER DUAL, ERES UN SER MUY CONTRADICTORIO, VAS DE UNA COSA A LA OPUESTA DE UN MOMENTO AL OTRO. LO MISMO DEFIENDES UNA POSTURA QUE LO CONTRARIO DE ESA MISMA IDEA. Y, EN BUENA MEDIDA, ESTE IR Y VENIR TIENE COMO CONSECUENCIA EL MAYOR MIEDO DE LOS GEMELOS.

¿A QUÉ LE TEMEN LOS GÉMINIS?

EL MAYOR TEMOR QUE TIENE ALGUIEN QUE HA DECIDIDO COMPROMETERSE CON TODO ES QUE TE VES OBLIGADO A ELEGIR... ENTRE TODOS LOS AMORES, UNO; ENTRE TODAS LAS CAUSAS, UNA SOLA; ENTRE TODAS LAS POSIBILIDADES, LA MEJOR.

Y ES QUE TU DOBLE NATURALEZA NO CONCIBE CONFLICTOS EN SERVIR A DOS ENEMIGOS ENTRE SÍ O SUSCRIBIR DOS IDEAS EXCLUYENTES. TODO LO CONTRARIO: DESDE TU PUNTO

DE VISTA, AL ELEGIR UNO DE ENTRE TODOS LOS CAMINOS QUE LA VIDA OFRECE, TE ESTÁS PERDIENDO EL RESTO. SI ELIGES AMAR A UNA PERSONA, TE PIERDES TODAS LAS DEMÁS. SI TE COMPROMETES CON EL DESARROLLO DE UNO DE SUS TALENTOS, SIENTES QUE PERDERÁS EL RESTO DE TU POTENCIAL.

ES ALGO MUCHO MÁS COMPLICADO QUE EL MERO MIEDO AL COMPROMISO. SE TRATA DE UN TERROR A SENTIRTE INCOMPLETO, NO REALIZADO, A SENTIR QUE TE APARTAN DE LOS TERRENOS QUE LA VIDA LE PUEDE OFRECERTE .
PARA TI, VIVIR UNA SOLA VIDA NO ES SUFICIENTE.

LO QUIERO TODO, TODITO, TODO

¿CÓMO PUEDES VENCER TUS MIEDOS?

TE TIENES EN BUENA ESTIMA, Y POR ELLO ES UNA LÁSTIMA QUE UNA IDEA EQUIVOCADA DE LO QUE ES LA VIDA Y SUS ELECCIONES TE HAGA PERDERTE MUCHO DE LO QUE TIENES POR DISFRUTAR Y DEJAR DE DAR MUCHO DE LO QUE TIENES POR OFRECER.

PARA ABANDONAR EL MIEDO, NADA COMO ABRIR LOS OJOS Y AMPLIAR LA MIRADA.

LO QUE UN GÉMINIS NECESITA NO SON DÍAS DE 72 HORAS O DOS CUERPOS PARA VIVIR TODAS LAS OPCIONES QUE ALBERGA A VIDA: LO QUE NECESITAS ES COMPROMETERTE CON EL AHORA, CON EL AQUÍ, CON LA PERSONA QUE ERES.

DEBES TRATAR DE COMPRENDER QUE ELEGIR NO REDUCE LOS CAMINOS, MÁS BIEN LOS AMPLÍA, PUES SOMOS LO QUE ELEGIMOS Y DEFENDEMOS.

VIVIR UNA VEZ POR ALGO: CONTIGO BASTA.

Cuida el presente porque en él vivirás el resto de tu vida.

Hablemos de lo que importa: el AMOR

PARA CONQUISTARTE, RECONÓCELO, HAY QUE TENER PACIENCIA Y COMPRENDER QUE UN DÍA PUEDES AMAR Y AL OTRO ODIAR, TU DUALIDAD REPRESENTATIVA DESDE TU CONCEPCIÓN ESTÁ PRESENTE EN TODOS LOS ASPECTOS DE TU VIDA Y EN EL AMOR TAMBIÉN, HACIENDO DE TI UNA PERSONA REALMENTE COMPLICADA EN ASUNTOS AMOROSOS.

SON LAS RELACIONES ÍNTIMAS UN PUNTO DE ENCUENTRO ENTRE TUS DOS CARAS, CONSIGUIENDO POR FIN ESTAR DE ACUERDO EN UNA COSA: QUE TE ENCANTA EL JUEGO Y LA VARIEDAD.

PARA ENAMORARTE HAY QUE HACER QUE CADA DÍA SE VIVA UNA EXPERIENCIA DIFERENTE, ODIAS LA RUTINA, LO CONOCIDO Y PREDECIBLE. APRECIAS CUALQUIER CAMBIO, AUNQUE SEA DE PERFUME O DE ROPA.

PUEDES PARECER DISTRAÍDO Y LO ERES EN MUCHAS ACTIVI-
DADES, PERO EN EL AMOR, TODA TU ATENCIÓN ESTÁ EN
UN MISMO PUNTO, HACIENDO QUE TUS DOS CARAS SE
JUNTEN PARA DISFRUTAR DE UN BUEN BESO, UNA CARICIA
Y SOBRE TODO DE BUSCAR NUEVAS FORMAS DE HACER
FELIZ Y DE QUE TE HAGAN FELIZ.

TU MEJOR VIRTUD ES TU GRAN ALEGRÍA. ES GENIAL
TENER AL LADO A UNA PERSONA QUE SE ESFUERZA
TANTO POR SACARTE SIEMPRE UNA SONRISA Y QUE, POR
SUPUESTO, SIEMPRE LA LLEVA PUESTA.

LA CREATIVIDAD TAMBIÉN ES UNA DE TUS PRINCIPALES
VIRTUDES, CONTIGO ES CASI IMPOSIBLE ABURRIRSE. SIEM-
PRE VAS A ENCONTRAR LA CITA ROMÁNTICA MÁS ORIGI-
NAL PARA SORPRENDER Y TIENES LA GRAN VIRTUD DE
SABER ADAPTARTE A LOS CAMBIOS, POR LO QUE NO TEN-
DRÁS PROBLEMA EN AMOLDARTE A TU PAREJA.

NO NECESITAS UN COMPROMISO EN TU VIDA PARA SEN-
TIRTE REALIZADO. TIENDES A SER VOLÁTIL, ENAMORA-
DIZO Y CAMBIAS FÁCILMENTE DE INTERÉS, POR LO QUE
NO TE INTERESA COMPROMETERTE DEMASIADO CON
NADIE POR SI TE ABURRES. AUNQUE SI CONOCES AL AMOR
DE TU VIDA... NO PUEDES EVITAR DERRETIRTE.

VIVIR EL AMOR CON UNA PERSONALIDAD TAN CAMBIANTE COMO LA TUYA NO ES FÁCIL.

AUNQUE TE ENAMORES Y DESEES ESTAR CON ESA PERSONA, TÚ NO PUEDES HACER NADA PARA QUE TU "OTRO YO" APAREZCA EN ESCENA Y DESCOLOQUE AL OTRO.
ERES COMO ERES Y ESO NO SE PUEDE NI SE DEBE CAMBIAR.
EN TUS CIRCUNSTANCIAS, LA SINCERIDAD Y EL ACERCAMIENTO PROFUNDO AL OTRO ES VITAL.
SÓLO A TRAVÉS DE LA MUESTRA DE TU CÁLIDO CORAZÓN Y DE TU VULNERABILIDAD PODRÁS HACERTE ENTENDER POR EL OTRO.
ENFOCA EN LA DIVERSIÓN Y LA FRESCURA TU DUALIDAD, VÉNDELO COMO UNA VIRTUD, PORQUE TAMBIÉN LO ES, MÁS QUE COMO UN DEFECTO. SI TU PAREJA APRENDE A LEER LOS CAMBIOS DE VIENTO Y CONSIGUE ENTENDER QUE NADA TIENEN QUE VER CON TUS SENTIMIENTOS PROFUNDOS, PUEDES LLEGAR A SER INCLUSO LA PAREJA IDEAL PARA CUALQUIERA, SIEMPRE CONSTRUYENDO UN NUEVO DÍA, UNA NUEVA ILUSIÓN.

MUESTRA TU CORAZÓN LO MÁS PROFUNDO DE TI Y TU VIDA AMOROSA SERÁ ÉPICA.

DE TUS VULNERABILIDADES SALDRÁN TUS FORTALEZAS
CONSEJO DEL GRAN CROASÁN ESTELAR

GÉMINIS Y GÉMINIS

LA COMPATIBILIDAD ES ALTA Y TENDRÉIS UNA RELACIÓN LLENA DE DIVERSIÓN, AVENTURA Y VARIEDAD, AUNQUE DEBERÍAIS APRENDER VIRTUDES COMO LA PACIENCIA Y EL COMPROMISO PARA FUNCIONAR A LARGO PLAZO.

OS ENCANTA LA NOVEDAD Y LA CONVERSACIÓN Y DISFRUTARÉIS HACIENDO PLANES PARA REALIZAR VIAJES, CAMBIOS EN LA CASA, ORGANIZAR REUNIONES CON AMIGOS ETC.

OS ENCANTA FLIRTEAR Y TENDRÉIS QUE CUIDAR ESTE ASPECTO DE VUESTRA PERSONALIDAD PARA NO PONER EN PELIGRO LA RELACIÓN.

GÉMINIS TIENDE A EVITAR SACAR TEMAS DIFÍCILES, PERO EN ESTA COMBINACIÓN UNO DE LOS DOS TENDRÁ QUE APRENDER A HACERLO.

SEXUALMENTE EXISTE UNA QUÍMICA MUY ESPECIAL ENTRE LOS DOS Y SABRÉIS HACER FELIZ A VUESTRA PAREJA.

CONSEJO PARA HACER QUE FUNCIONE (¡AÚN MEJOR!)

INTENTAD CONTROLAROS UN POCO PARA EVITAR QUE VUESTRA VIDA TENGA MUCHÍSIMOS CAMBIOS Y MUCHA ACCIÓN A COSTA DE ESTABILIDAD Y SOSIEGO.

GÉMINIS Y CÁNCER

EN ASTROLOGÍA SE AFIRMA QUE CUANDO DOS SIGNOS OPUESTOS SE ATRAEN, LA RELACIÓN PUEDE FUNCIONAR PRECISAMENTE POR LA ATRACCIÓN DE LO OPUESTO. Y AUNQUE NO ES FÁCIL, ESTE PODRÍA SER EL CASO EN ESTA RELACIÓN, AUNQUE SÓLO SI AMBOS RESPETÁIS LAS DIFERENCIAS EN LA FORMA DE SER DE CADA UNO.

CÁNCER ES SENSIBLE Y EMOCIONAL Y SIENTE MÁS QUE PIENSA. GÉMINIS ES MÁS INTELECTUAL Y REFLEXIVO Y ACTÚA MÁS CON LA CABEZA QUE CON EL CORAZÓN. CÁNCER ES MUY HOGAREÑO, MIENTRAS QUE A GÉMINIS LE ENCANTA UNA BUENA FIESTA – Y CUANTOS MÁS INVITADOS, MEJOR. TENÉIS QUE ACEPTAR QUE EL OTRO ES MUY DIFERENTE Y NO INTENTAR CAMBIARLO.

EL COMPROMISO ES FUNDAMENTAL SI AMBOS PRETENDÉIS QUE ESTA COMBINACIÓN FUNCIONE.

AL MENOS SEXUALMENTE TENDRÉIS MUCHA QUÍMICA.

 CONSEJO PARA HACER QUE FUNCIONE

CÁNCER, TENDRÁS QUE HACER UN ESFUERZO POR NO DESCONFIAR DE GÉMINIS. GÉMINIS, ACEPTA LA FORMA DE SER DE CÁNCER Y NO LE CULPES POR SU TEMPERAMENTO.

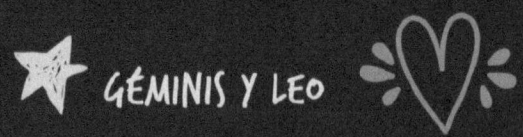

GÉMINIS Y LEO

LA COMPATIBILIDAD ENTRE VOSOTROS ES BASTANTE ALTA. TENÉIS MUCHO EN COMÚN Y A LOS DOS OS ENCANTA DIVERTIROS.

TENÉIS UNA NATURALEZA AVENTURERA Y DISFRUTÁIS DE LA VIDA. OS ENCONTRARÉIS MUTUAMENTE FASCINANTES. LEO ESTÁ AL MISMO NIVEL INTELECTUAL QUE GÉMINIS, POR LO QUE VUESTRAS CONVERSACIONES SERÁN MUY INTERESANTES Y SATISFACTORIAS PARA AMBOS.

LOS DIVERSOS INTERESES DE GÉMINIS PUEDEN HACER QUE LEO SIENTA CELOS, PUESTO QUE A ÉL LE GUSTA SER LO MÁS IMPORTANTE EN UNA RELACIÓN.

LEO TIENDE A APEGARSE A LA GENTE Y LAS COSAS QUE LE GUSTAN. ESTO PUEDE CHOCAR CON LA TENDENCIA DE GÉMINIS A AVANZAR CONTINUAMENTE.

SEXUALMENTE, EXPERIMENTARÉIS MOMENTOS DE PASIÓN DESENFRENADA QUE PUEDEN DAR LUGAR A EXPERIENCIAS MEMORABLES Y APASIONANTES PARA AMBOS.

CONSEJO PARA HACER QUE FUNCIONE (¡AÚN MEJOR!)

GÉMINIS, CUIDADO CON TU LENGUA AFILADA Y EL SENSIBLE EGO DE LEO. LEO, CONTROLA TU CABEZONERÍA.

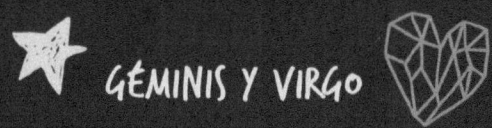

GÉMINIS Y VIRGO

LA COMPATIBILIDAD ES BASTANTE ALTA. AÚN ASÍ, GÉMINIS TIENE UNA VISIÓN MUY AMPLIA DE LAS COSAS Y LE CUESTA ADENTRARSE EN LOS DETALLES O BUSCAR LA PERFECCIÓN DEL MODO QUE LE GUSTA A VIRGO. DE AHÍ QUE PARA QUE LA RELACIÓN SEA SATISFACTORIA, AMBOS DEBERÉIS AMPLIAR UN POCO VUESTRO ENFOQUE MENTAL. VIRGO PUEDE OFRECER UN HOGAR ESTABLE A GÉMINIS CUANDO NECESITE REFUGIARSE O DESCANSAR DE SU ACTIVIDAD FRENÉTICA; SE SENTIRÁ SEGURO JUNTO A VIRGO Y LO SABRÁ AGRADECER CON CRECES.

SOIS DIFERENTES SEXUALMENTE, VIRGO ES BASTANTE CONSERVADOR Y GÉMINIS ES MÁS SENSUAL Y JUGUETÓN. SI VIRGO ES CAPAZ DE LANZARSE DE CABEZA, LA RELACIÓN SERÁ SATISFACTORIA PARA AMBOS, PERO LE LLEVARÁ SU TIEMPO Y GÉMINIS DEBERÁ TENER PACIENCIA PARA CONSEGUIR QUE VIRGO DEJE A UN LADO SU PRUDENCIA Y SE VUELVA MÁS ATREVIDO.

CONSEJO PARA HACER QUE FUNCIONE (¡AÚN MEJOR!)

LOS DOS DEBERÍAIS ESFORZAROS EN COMPRENDER Y ESCUCHAR MÁS A VUESTRA PAREJA.

GÉMINIS Y LIBRA

EXCELENTE COMPATIBILIDAD, HAY MUCHAS PROBABILIDADES DE QUE SEÁIS MUY FELICES DURANTE MUCHO TIEMPO.
SE TRATA DE UNA COMBINACIÓN TAN AFORTUNADA, QUE SE PODRÍA DECIR QUE EXISTE UN TOQUE DE MAGIA ENTRE AMBOS SIGNOS. EN OCASIONES OS ENTIENDÉIS TAN BIEN, QUE NI SIQUIERA NECESITÁIS PALABRAS.
A LOS DOS OS GUSTAN LAS GRANDES REUNIONES SOCIALES, CONVERSAR CON OTROS Y FORMAR PARTE DE LA MULTI-TUD.
LOS LIBRA SON EXTREMADAMENTE CONSIDERADOS CON SUS SERES QUERIDOS Y NO LES PREOCUPA COMPROMETERSE UN POCO, ESPECIALMENTE EN UNA RELACIÓN DE AMOR.
NUNCA OS ABURRIRÉIS, YA QUE AMBOS SOIS MUY INTELEC-TUALES Y DESARROLLÁIS CONVERSACIONES INTELIGENTES.

CONSEJO PARA HACER QUE FUNCIONE (¡AÚN MEJOR!)

A LOS DOS OS RESULTA DIFÍCIL TOMAR DECISIONES CON RAPI-DEZ Y CORAJE, POR LO QUE EVITAD SER INDECISOS Y APRENDED A SER MÁS VALIENTES A LA HORA DE TOMAR DECISIONES IMPORTANTES COMO CASAROS, MUDAROS A OTRO LUGAR O CREAR UNA FAMILIA.

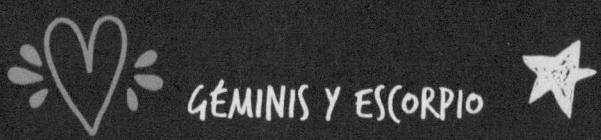

GÉMINIS Y ESCORPIO

LA COMPATIBILIDAD ES BASTANTE BAJA, SOIS TOTALMENTE OPUESTOS ENTRE SÍ EN CASI TODOS LOS ASPECTOS DE VUESTRAS PERSONALIDADES.

ESCORPIO ES ALTAMENTE EMOCIONAL Y FORJA RELACIONES PROFUNDAS Y SIGNIFICATIVAS. GÉMINIS, EN CAMBIO, DIFÍCILMENTE SE ATA A OTRA PERSONA Y LA MAYORÍA DE SUS RELACIONES SUELEN SER SUPERFICIALES HASTA QUE ENCUENTRA A SU VERDADERA MEDIA NARANJA.

GÉMINIS FLIRTEA POR NATURALEZA Y ESO DISPARARÁ LOS CELOS DE ESCORPIO.

NO ESTÁ TODO PERDIDO SI EN VEZ DE JUZGAR A VUESTRA PAREJA, AMBOS OS LAS ARREGLÁIS PARA COMPLEMENTAROS MUTUAMENTE CON VUESTRAS CUALIDADES OPUESTAS.

SEXUALMENTE, ESCORPIO SORPRENDERÁ A GÉMINIS Y AMBOS PODRÉIS DISFRUTAR JUNTOS DE UNA UNIÓN INTERESANTE, APASIONADA Y FELIZ EN LA INTIMIDAD.

 CONSEJO PARA HACER QUE FUNCIONE

DEBÉIS ESTAR DISPUESTOS A APRENDER EL UNO DEL OTRO Y DERROCHAR MUCHO AMOR, PACIENCIA Y CONFIANZA.

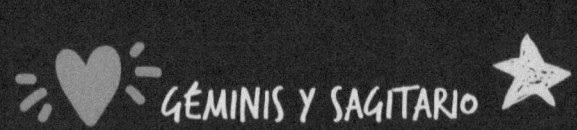 GÉMINIS Y SAGITARIO

SOIS SIGNOS OPUESTOS Y EL QUE RESULTE BIEN O NO DE-
PENDERÁ DE LA PERSPECTIVA QUE TOMÉIS AMBOS.
NECESITÁIS SER LIBRES PARA EXPLORAR VUESTRAS PROPIAS
VIDAS AUNQUE MANTENGÁIS UNA RELACIÓN. SI LO HACÉIS,
HAY MUCHAS POSIBILIDADES DE QUE LA RELACIÓN FUNCIONE.
LOS DOS SOIS MUY INQUIETOS Y ESTÁIS CASI SIEMPRE AVAN-
ZANDO. OS RESULTA DIFÍCIL AFERRÁOS A UN SITIO O A UNA
PERSONA DURANTE MUCHO TIEMPO.
JUNTOS VUESTRAS VIDAS SE CONVIERTEN EN UN TORBELLI-
NO, CON MONTONES DE GIROS REPENTINOS E INESPERADOS.
LA RELACIÓN PUEDE SER PLACENTERA YA QUE A AMBOS OS
GUSTA EL CAMBIO, LOS MOVIMIENTOS FRECUENTES, LOS REA-
JUSTES, LAS SORPRESAS, LAS AVENTURAS.
SEXUALMENTE HAY BUENA ENERGÍA, CON LA CALIDEZ DE
SAGITARIO ESTIMULANDO EL ESTILO COMUNICATIVO DE
GÉMINIS.

 CONSEJO PARA HACER QUE FUNCIONE

OS PUEDE RESULTAR DIFÍCIL TOMAR DECISIONES FIRMES DE
FUTURO COMO PAREJA ASÍ QUE INTENTAD PONER TODO DE
VUESTRA PARTE PARA AVANZAR EN LA MISMA DIRECCIÓN.

GÉMINIS Y CAPRICORNIO

LA COMPATIBILIDAD ES BASTANTE BAJA Y TENDRÉIS QUE HACER UN GRAN ESFUERZO PARA QUE FUNCIONE.

A CAPRICORNIO LE ENCANTA SEGUIR UNAS REGLAS Y A GÉMINIS LE ENCANTA ROMPERLAS. CAPRICORNIO ES MUY CAUTELOSO Y CUIDADOSO EN TODOS LOS ASPECTOS DE SU VIDA. SIN EMBARGO, GÉMINIS SE ATREVE CON TODO.

SI LOGRÁIS UN RESPETO, CONSTRUIDO SOBRE UNA BASE DE AMOR, AMBOS PODRÍAIS SALIR FAVORECIDOS: CAPRICORNIO PODRÍA ENSEÑAR A GÉMINIS LOS VALORES DE LA CONSTAN-CIA Y EL ESFUERZO MIENTRAS QUE GÉMINIS PODRÍA AYUDAR A CAPRICORNIO A DISFRUTAR MÁS DE LA VIDA.

EN EL ÁMBITO SEXUAL AMBOS PODÉIS TENER LA OPORTUNI-DAD DE PROBAR NUEVAS EXPERIENCIAS. CAPRICORNIO TIENDE A SER UN POCO RESERVADO EN LA CAMA, CASO CON-TRARIO DE GÉMINIS AL CUAL LE ENCANTA EXPLORAR NUEVAS POSICIONES Y FANTASÍAS SEXUALES.

 CONSEJO PARA HACER QUE FUNCIONE

COMPRENSIÓN Y TRATAR DE CEDER: UNA MEZCLA DE AMBOS PENSAMIENTOS PUEDE RESULTAR EN UNA RELACIÓN MÁS ESPONTÁNEA DE LA QUE BENEFICIAROS LOS DOS.

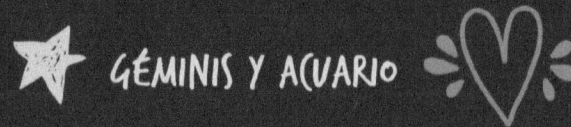

GÉMINIS Y ACUARIO

LA COMPATIBILIDAD ES MUY ALTA, YA QUE AMBOS ESPE-
RÁIS SACAR MÁS O MENOS LO MISMO DE LA VIDA.
VUESTRO ENTENDIMIENTO INTELECTUAL SERÁ TOTAL. OS
GUSTA HABLAR Y COMPARTIR LARGOS MOMENTOS JUNTOS.
ESTABLECÉIS VÍNCULOS SÓLIDOS Y SOIS MUY LEALES.
ADEMÁS, MUY POCAS VECES PERDÉIS LA CALMA.
HACÉIS DEL BIENESTAR UN CULTO Y UNA VEZ QUE LO EN-
CONTRÁIS NO TENÉIS PROBLEMA EN QUEDAROS A VIVIR
ALLÍ. SOIS BUENOS COMPAÑEROS EN LA CONVIVENCIA Y
LOGRARÉIS SENTIROS EL UNO PARA EL OTRO.
A GÉMINIS NO LE SUPONE NINGÚN PROBLEMA EL AFÁN
DE INDEPENDENCIA DE ACUARIO, YA QUE TAMBIÉN VALORA
LA SUYA PROPIA. A GÉMINIS LE ENCANTA LA ORIGINALI-
DAD Y CAPACIDAD DE INNOVAR DE LOS ACUARIO, MIENTRAS
QUE A ÉSTE LE FASCINA LO IMPREDECIBLE Y LA INDEPEN-
DENCIA DE LOS GÉMINIS.

CONSEJO PARA HACER QUE FUNCIONE (¡AÚN MEJOR!)

CORRÉIS EL RIESGO DE QUE LA MONOTONÍA OS EMPIECE A
ABURRIR, DEBERÉIS LUCHAR PARA SOSTENER EL INTERÉS Y
LA CREATIVIDAD.

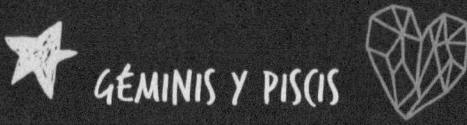

GÉMINIS Y PISCIS

LA COMPATIBILIDAD NO ES UNA DE LAS MÁS ALTAS. TEN-DRÉIS QUE ESFORZAROS PARA QUE LA RELACIÓN FUNCIONE. ESTÁIS ABIERTOS A NUEVAS IDEAS, SOIS FLEXIBLES, TRANSI-GENTES Y ESTÁIS DISPUESTOS A CAMBIAR DE POSTURA SI OS EQUIVOCÁIS, LO QUE OS AYUDARÁ DE CARA A ESTE RETO. COMPARTÍS LA FALTA DE CONSTANCIA. AMBOS CAMBIÁIS CON MUCHA FACILIDAD Y ESTO PUEDE LLEGAR A CAUSAR PROBLEMAS PARA LA ESTABILIDAD DE LA PAREJA. SEXUALMENTE LA COSA NO MEJORA: A GÉMINIS LE ENCAN-TA JUGAR Y EXPERIMENTAR MIENTRAS QUE PISCIS VIVE EN UN MUNDO DE FANTASÍA Y BUSCARÁ UNA CONEXIÓN ENTRE SU ALMA Y LA DE SU PAREJA PARA SENTIRSE COMPLETA-MENTE SATISFECHO. SI LOGRA ESTA CONEXIÓN, TODO ES POSIBLE, PERO A GÉMINIS LE PODRÁ COSTAR Y TAL VEZ PIERDA LA PACIENCIA ANTES.

 CONSEJO PARA HACER QUE FUNCIONE

HABLAR Y LLEGAR A ACUERDOS, YA QUE LA COMUNICACIÓN ES VUESTRO PUNTO FUERTE. VIVIR LA RELACIÓN COMO UNA AVENTURA QUE EXPERIMENTÁIS JUNTOS, SOR-PRENDIÉNDOOS Y APRENDIENDO A CADA PASO.

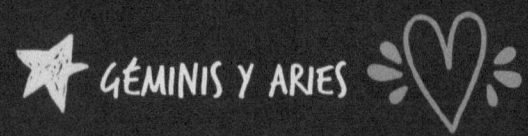

GÉMINIS Y ARIES

EL GRADO DE COMPATIBILIDAD PUEDE SER GRANDE.
A GÉMINIS LE GUSTA RELACIONARSE Y, POR LO GENERAL, TIENE UN GRAN SENTIDO DEL HUMOR; ESTO ATRAE A ARIES, A QUIEN LE ENCANTA DIVERTIRSE Y REÍR MUCHO.
LOS DOS DISFRUTÁIS VIVIENDO NUEVAS EXPERIENCIAS, POR LO QUE ES MUY PROBABLE QUE SEA UNA RELACIÓN MUY VARIADA E INTERESANTE.
PUEDE SER COMPLICADO LOGRAR UNA ESTABILIDAD A LARGO PLAZO, YA QUE NINGUNO DE LOS DOS TENÉIS MUCHA NECESIDAD DE ESTABILIDAD DOMÉSTICA O DE VIDA FAMILIAR.
GÉMINIS PUEDE ENCONTRAR AGOTADORA LA CONSTANTE ENERGÍA Y EL EMPUJE DE ARIES, MIENTRAS QUE ARIES SE PUEDE APAGAR POR LA NATURALEZA DE EMPEZAR Y PARAR DE GÉMINIS.
LAS RELACIONES SEXUALES SERÁN MUY BUENAS. GÉMINIS INSPIRA A ARIES Y AMBOS DISFRUTÁIS EXPERIMENTANDO Y EXPLORANDO NUEVAS COSAS EN UNA RELACIÓN DE INTIMIDAD.

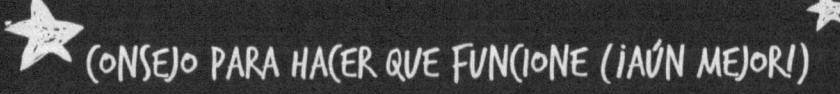

CONSEJO PARA HACER QUE FUNCIONE (¡AÚN MEJOR!)

TRABAJAD LOS PUNTOS EN COMÚN, INSUFLANDO ALEGRÍA Y OPTIMISMO A LA RELACIÓN PARA QUE ESTA TRIUNFE.

  GÉMINIS Y TAURO

LA COMPATIBILIDAD NO ES MUY ALTA PORQUE HAY ALGU-
NAS DIFERENCIAS IMPORTANTES EN LAS MOTIVACIONES Y
PERSONALIDADES BÁSICAS DE AMBOS SIGNOS.
TAURO AVANZA EN LA VIDA CON PASO FIRME Y ACOMPASADO.
NO TIENE PRISA POR LLEGAR A NINGUNA PARTE Y POSEE UN
ELEVADO GRADO DE ESTABILIDAD. GÉMINIS EN CAMBIO,
PREFIERE SALTAR DE UNA COSA A OTRA, PUDIENDO LLEGAR
A SER INQUIETO E IMPACIENTE. TAURO SE PUEDE CANSAR
DE LA INCAPACIDAD DE GÉMINIS, PRIMERO, PARA COMPROME-
TERSE Y DESPUÉS, PARA MANTENER SU COMPROMISO.
EN EL LADO POSITIVO, TAURO SE SENTIRÁ ATRAÍDO POR LA
INTELIGENCIA, EL INGENIO Y LAS APTITUDES MENTALES DE
GÉMINIS. Y ÉSTE, RESPETARÁ LA FUERZA Y DETERMINACIÓN
DE TAURO. AMBOS TENDRÉIS SIEMPRE MUCHO DE QUÉ
HABLAR Y PASARÉIS HORAS DISFRUTANDO DE LA COMPAÑÍA
DEL OTRO.
A NIVEL SEXUAL, TAURO PUEDE SER MÁS LENTO QUE
GÉMINIS, QUE DEBE TOMARSE SU TIEMPO.

 CONSEJO PARA HACER QUE FUNCIONE

TAURO, CONTROLA TU ANSIA DE POSESIÓN. GÉMINIS,
APRENDE DE LAS LECCIONES DE COHERENCIA DE TAURO.

CÓMO ENAMORAR A LOS OTROS SIGNOS

INDEPENDIENTEMENTE DE LA CLARIFICADORA INFORMACIÓN PREVIA, EL AMOR VIENE ASÍ DE ESTA MANERA, Y TE HAS ENAMORADO DE OTRO SER HUMANO (ESPERO), AQUÍ VAN LOS CONSEJOS INFALIBLES PARA QUE GÉMINIS ENAMORE A CADA UNO DE ELLOS:

ARIES: LO ENAMORARÁS A TRAVÉS DE TUS HABILIDADES COMUNICATIVAS, POR LO QUE ENCONTRAR EL LUGAR PARA ENTABLAR CONVERSACIONES PROFUNDAS E ÍNTIMAS SERÁ FUNDAMENTAL. ARIES QUIERE VIVIR EXPERIENCIAS NUEVAS AL IGUAL QUE TÚ, ASÍ QUE NO DUDES EN INVITARLO A SER TU COMPAÑERO DE AVENTURAS; NO PODRÁ RESISTIRSE.

TAURO: NO SE ENGANCHARÁ DE TUS FANTASÍAS PERO SÍ DE TU INTELIGENCIA Y TU CAPACIDAD INTELECTUAL. MUÉSTRALE TU PARTE MÁS RACIONAL Y PREPÁRATE PARA SUS ESCENAS DE CELOS. TAURO ES POSESIVO, PERO CON PACIENCIA LE ENSEÑARÁS QUE LA LIBERTAD NO SIGNIFICA INFIDELIDAD.

GÉMINIS: LO CAUTIVARÁS CON SENTIDO DEL HUMOR, EROTISMO, IMAGINACIÓN, VIAJES, FIESTAS. TENDRÉIS QUE ADAPTAROS A LA INMADUREZ Y A LOS ALTIBAJOS EMOCIO-

NALES DE CADA UNO, PERO SABRÉIS COMPRENDEROS SI DIS-
CUTÍS TRANQUILA Y ABIERTAMENTE VUESTROS CONFLIC-
TOS.

CÁNCER: SE SENTIRÁ ATRAÍDO POR TU PERSONALIDAD
DINÁMICA Y ETÉREA, PERO TIENES QUE CONOCER SUS
NECESIDADES AFECTIVAS O LO LASTIMARÁS PROFUNDA-
MENTE. CÁNCER PRECISA ANTE TODO COMPROMISO, SEGURI-
DAD Y CARIÑO. TENDRÁS QUE ESTABLECERTE Y DEJAR DE
VOLAR TANTO SI QUIERES COMPARTIR EL NIDO CON ÉL.

LEO: EN REUNIONES SOCIALES ES MEJOR QUE TÚ CEDAS Y
LO DEJES SER EL CENTRO DE ATENCIÓN; SI NO, ESTARÁS
LEJOS DE SIMPATIZARLE. EL LEONCITO TIENE SU LADO BON-
DADOSO Y TIERNO EN LA INTIMIDAD. DISFRUTARÉIS COM-
PARTIENDO EXPERIENCIAS NOVEDOSAS, A VECES INCLUSO
EXTRAVAGANTES. PLANEA UNA CITA ORIGINAL CON ÉL,
PERO PROCURA NO ALTERAR DEMASIADO SU VIDA, NECESI-
TA CONTROLARLA PARA SENTIRSE SEGURO.

VIRGO: SÉ COMPRENSIVO CON SU SENTIDO CRÍTICO Y SU
BÚSQUEDA DE LA PERFECCIÓN. PARA ENAMORARLO, TIENES
QUE TENER PACIENCIA Y ESTAR SEGURO, GÉMINIS, Y
AMBAS COSAS TE CUESTAN DEMASIADO. CULTIVA SU CONFI-

ANZA A TRAVÉS DE CONVERSACIONES RACIONALES, QUE DE-
MUESTREN QUE SABES LO QUE QUIERES, QUE NO ERES UN
IMPROVISADOR.

LIBRA: LO SEDUCIRÁS POR EL LADO DE LA AFINIDAD INTELEC-
TUAL Y EL INTERÉS POR EL CONOCIMIENTO EN GENERAL.
ACÉRCATE A ÉL AMIGABLEMENTE, CON ESPONTANEIDAD Y
FRANQUEZA. DISFRUTARÁ MUCHO DE LARGAS CONVERSA-
CIONES, CAMINATAS Y VELADAS TRANQUILAS CONTIGO.
LIBRA NECESITA UN CÓMPLICE Y UN CONSEJERO, ASÍ QUE ES-
CÚCHALO ATENTAMENTE Y UTILIZA TU PODER DE ANÁLISIS
PARA ENTENDERLO, MOTIVARLO Y APOYARLO.

ESCORPIO: ÉL AMA CON INTENSIDAD Y ENTREGA Y SUFRIRÁ
MUCHO TU PERSONALIDAD ECLÉCTICA E INCONSTANTE. PARA
QUE CONFÍE EN TI, TIENES QUE DEMOSTRARLE QUE TU IN-
TERÉS POR ÉL NO ES SUPERFICIAL Y EFÍMERO. ESCORPIO TE
ESTARÁ PROBANDO, Y NO PODRÁS ENAMORARLO SI NO VE
POSIBILIDADES DE COMPROMISO, ESTABILIDAD Y FIDELIDAD.

SAGITARIO: SE SENTIRÁ ATRAÍDO CON TU ESPONTANEIDAD
Y ENTUSIASMO. TAMBIÉN COMPARTÍS INTERESES INTELEC-
TUALES, ASÍ QUE SERÁ SENCILLO ACERCARTE A ÉL CON
TANTAS OPCIONES PARA COMPARTIR Y DISFRUTAR. NO SEAS

SUSCEPTIBLE A SUS CRÍTICAS, RELÁJATE Y DIVIÉRTETE CON ÉL. RESPETA SU TIEMPO Y SU ESPACIO; SI INTENTAS ATARLO TERMINARÁ POR ESCAPARSE.

CAPRICORNIO: TIENES QUE SER PRUDENTE CON ÉL O SE SENTIRÁ ATROPELLADO. SE GUÍA POR LA RAZÓN Y NO SE ENTREGA FÁCILMENTE AL AMOR; ASÍ QUE TENDRÁS QUE ESFORZARTE MUCHO POR DEMOSTRARLE ESTABILIDAD Y SEGURIDAD. LO ENAMORARÁS APOYÁNDOLO EN SUS PROYECTOS Y PONIENDO TU VERSATILIDAD AL SERVICIO DE LA PAREJA.

ACUARIO: SE SENTIRÁ ATRAÍDO POR TU PERSONALIDAD EQUIVALENTE: LIBRE, ALEGRE Y AMIGABLE COMO ÉL. SI OS ESTÁIS CONOCIENDO, PROPONLE ALGUNA SALIDA A LA NATURALEZA, UN VIAJE O UNA AVENTURA INTERESANTE. OS UNIRÉIS A TRAVÉS DE TODAS ESAS EXPERIENCIAS JUNTOS Y DE UNA VIDA SOCIAL COMPARTIDA CON OTRAS PERSONAS.

PISCIS: TENDRÁS QUE SER PACIENTE Y COMPRENSIVO. TU EXCESIVA RACIONALIDAD PUEDE HERIR SU SUTIL SENSIBILIDAD. TIENES QUE SER SUAVE, AFECTUOSO Y EVITAR LAS CRÍTICAS. PODRÁS ENAMORARLO SI LOGRAS CONTENERLO Y DEMOSTRARLE QUE LAS CUESTIONES PROFUNDAS DE LA VIDA TAMBIÉN SON IMPORTANTES PARA TI.

Géminis y el sexo

TU PERSONALIDAD DUAL Y TU PASIÓN POR LAS COSAS NUEVAS SIGNIFICA UNA TENDENCIA AL DESCUBRIMIENTO Y AL CAMBIO, TAMBIÉN EN EL TERRENO SEXUAL; BUSCARÁS SIEMPRE UN COMPAÑERO QUE TE SIGA LA CORRIENTE EN ESE ASPECTO.

TUS AMANTES DEBEN SER INVENTIVOS, ESTAR AL DÍA Y ENCONTRAR NUEVAS FORMAS DE HACER LAS COSAS USUALES, EXPERIMENTAR CON TÉCNICAS MANUALES Y ORALES, ESTAR ABIERTOS A NUEVAS POSICIONES Y VARIACIONES DE LAS CLÁSICAS. TE ENCANTA PROBAR CUALQUIER COSA NUEVA, POR LO MENOS UNA VEZ.

TE GUSTA TRABAJAR CON TUS SENTIDOS. UN BUEN ASPECTO Y UN BUEN OLOR SON IMPRESCINDIBLES PARA PODER DISFRUTAR DE UNA EXPERIENCIA SENSORIAL COMPLETA. TE ENCANTA QUE NO DEJEN NINGUNA PARTE DE TU CUERPO SIN TOCAR.

TAMBIÉN TE ENLOQUECE UTILIZAR DIFERENTES TEJIDOS, TACTOS SUAVES EN TUS ROPAS Y EN TU PIEL. NO TE CORTAS A LA HORA DE PROBAR CON SABORES, LOCIONES, ALIMENTOS E INCLUSO ROPA INTERIOR COMESTIBLE PARA EXCITAR TUS PAPILAS GUSTATIVAS. Y TAMPOCO OLVIDAS EL ATRACTIVO SEXUAL DE LOS SONIDOS. ERES DE LOS MÁS PARLANCHINES EN LA CAMA.

LA VARIEDAD ES LA SAL DE LA VIDA Y UNA DE LAS CLAVES MÁS IMPORTANTES PARA COMPLACERTE. LA RUTINA ES UNA FORMA SEGURA PARA MATAR TU IMPULSO SEXUAL.

SUELES SER MUY ORIGINAL Y MUY ÁVIDO DE PRÁCTICAMENTE TODO. IGUAL SORPRENDES CON UNA CENA O CON SEXO RÁPIDO EN EL COCHE. CONTIGO TODO ES POSIBLE.

TUS PAREJAS SEXUALES IDEALES SON LEO, ESCORPIO (TAN CURIOSO SEXUALMENTE COMO TÚ), ARIES Y LIBRA

Géminis y el trabajo

ERES EL MÁS MULTIFACÉTICO DE TODO EL ZODIACO, PUEDES SER PRÁCTICAMENTE LO QUE QUIERAS, YA QUE NO TIENES PROBLEMAS CON ADOPTAR DIFERENTES PERSONALIDADES PARA CUALQUIER TRABAJO, INTENTANDO SIEMPRE SER EL MEJOR EN LO QUE HACES, SEA LO QUE ESTO SEA.

NO SE TE PUEDE ENCASILLAR EN NINGUNA PROFESIÓN EN ESPECÍFICO PORQUE TIENES UNA GRAN CAPACIDAD PARA ADAPTARTE A TODAS LAS CIRCUNSTANCIAS QUE SE TE VAN PRESENTANDO EN LA VIDA Y EN TUS MISMAS LABORES.

ERES UN TRABAJADOR MUY AFABLE Y TE LLEVARÁS DE MARAVILLA CON LOS COMPAÑEROS. SIEMPRE TE MUESTRAS BIEN Y CON LAS CAPACIDADES SUFICIENTES PARA ENFRENTARLO TODO Y A TODOS.

TIENES INCREÍBLES HABILIDADES SOCIALES, LO QUE TE PER-
MITE LLEGAR MUY ARRIBA AÚN CUANDO NO TENGAS
TODAS LAS HABILIDADES NECESARIAS, TE ESFORZARÁS
PARA OBTENER TODOS LOS TÍTULOS QUE NECESITES PARA
LLEGAR SIEMPRE A LA CIMA.

PUEDES PASAR DE SER UN ARTISTA, UN CARPINTERO,
UN MÉDICO O UN ABOGADO A TODAS LAS PROFESIONES
POSIBLES E IMAGINABLES. EN REALIDAD ES MUCHO MÁS
SENCILLO DECIR LAS PROFESIONES EN LAS QUE GÉMINIS
NO ESTARÍA REALMENTE CÓMODO, COMO POR EJEMPLO
LOS TRABAJOS RUTINARIOS, YA QUE GRACIAS A TUS
GRANDES CAPACIDADES DE COMUNICACIÓN SIEMPRE VAS A
SENTIRTE MUCHO MEJOR EN LUGARES QUE EXPLOTEN
ESTAS HABILIDADES Y EN LOS QUE ESTÉS EN CONTACTO
CON MUCHAS PERSONAS A LA VEZ.

NO ES EXTRAÑO QUE CONSIGAS FIRMAR CONTRATOS O
VENDER OBJETOS QUE OTROS NO PUEDEN SOLO GRACIAS A
TU GRAN SIMPATÍA Y SAGACIDAD

NO SE TE DA BIEN TOMAR DECISIONES APRESURADAS, TE
GUSTA TENER UN TIEMPO PRUDENTE PARA PREPARARTE
BIEN Y PLANEAR TU ESTRATEGIA ANTES DE REALIZAR

ALGO PORQUE NO TE GUSTA QUE SE TE TOME DESPREVE-
NIDO.

PESE A QUE PUEDES SER BUEN NEGOCIADOR, TAMPOCO
TODO SE DEBE DAR DE LA NOCHE A LA MAÑANA, YA QUE
PIENSAS BASTANTE TODOS LOS PASOS QUE VAS A DAR, EL
CÓMO Y EL CUÁNDO SON DE SUMA IMPORTANCIA PARA TU
VIDA PROFESIONAL.

PROFESIONES IDEALES PARA TI SERÍAN PERIODISTA, TRA-
DUCTOR, PRESENTADOR DE TELEVISIÓN, RELACIONES PÚBLI-
CAS, ESCRITOR, GUÍA TURÍSTICO O MAESTRO.

VIRTUDES: ADAPTABLE, INGENIOSO, CREATIVO, RÁPIDO,
VERSÁTIL.

DEFECTOS: VARIABLE, NERVIOSO, INCONSTANTE.

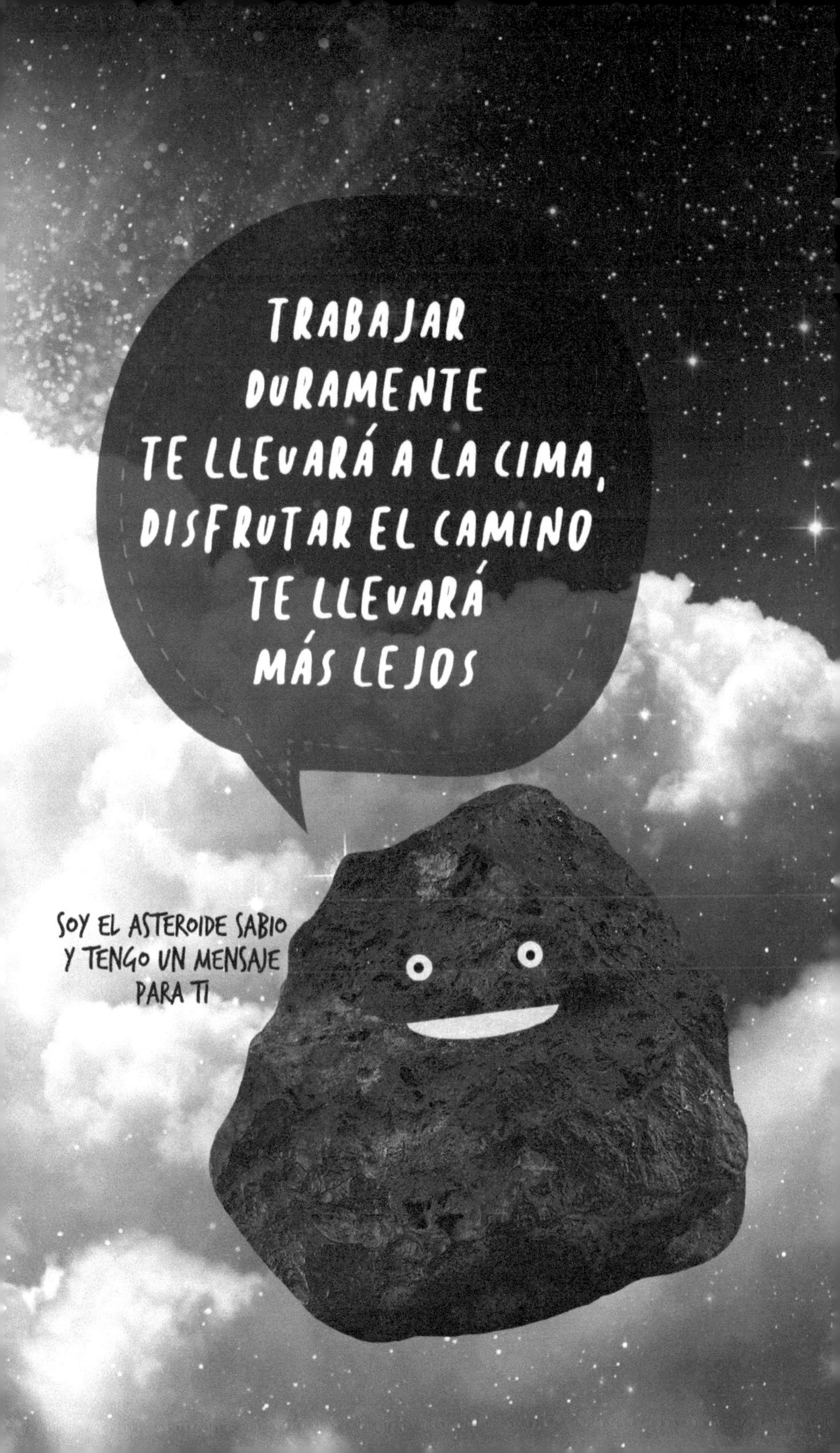
TRABAJAR DURAMENTE TE LLEVARÁ A LA CIMA, DISFRUTAR EL CAMINO TE LLEVARÁ MÁS LEJOS
SOY EL ASTEROIDE SABIO Y TENGO UN MENSAJE PARA TI

Géminis y la amistad

POSEES UN CARÁCTER IMPULSIVO, COSA QUE EN ALGUNOS MOMENTOS PUEDE SER DIVERTIDO, PERO TAMBIÉN TENDRÁ CONSECUENCIAS IMPREVISIBLES EN TUS RELACIONES SOCIALES.

ERES MUY SOCIABLE Y TE ENCANTA CONOCER GENTE NUEVA. SUELES TENER MUCHOS AMIGOS E INTENTAS MANTENER RELACIONES BUENAS CON TODOS. ALGO QUE ES BASTANTE COMPLICADO Y TE SUELE GENERAR ALGUNOS PROBLEMAS. EN ESE INTENTO DE MANTENER TODAS LAS AMISTADES, PUEDES ACABAR PERDIENDO MUCHAS.

DEBIDO A TU CARÁCTER DUAL, POR UN LADO DESEAS PASAR TIEMPO CON AMIGOS Y A LA VEZ NECESITAS DISFRUTAR DE TU INDEPENDENCIA. A VECES SERÁ MUY DIFÍCIL PARA TUS AMIGOS DISTINGUIR CUÁNDO DESEAS ESTAR SOLO O CON ELLOS.

CASI SIEMPRE DICES LO QUE PIENSAS Y ACONSEJAS DE

CORAZÓN A TUS AMIGOS Y FAMILIARES.

CUANDO TE PONES EN PLAN TERCO Y SE TE METE ALGO EN LA CABEZA ES MUY DIFÍCIL HACERTE CAMBIAR DE OPINIÓN. SERÁ NECESARIA MUCHA PACIENCIA Y DIÁLOGO SI ALGUIEN QUIERE LLEGAR A INFLUENCIARTE UN POCO EN ESTOS CASOS.

ERES CAPAZ DE SACAR LAS MEJORES COSAS DE LAS PERSONAS SIN HACER DEMASIADOS ESFUERZOS, LA GENTE TE SIGUE YA QUE SIEMPRE SE PUEDE APRENDER DE LO QUE VAS DICIENDO GRACIAS A TU GRAN INTELIGENCIA Y ELOCUENCIA.

SON BUENOS ALIADOS TUS COMPAÑEROS DE AIRE, LIBRA Y ACUARIO, YA QUE ELLOS PUEDEN ENTENDER LA LIBERTAD Y LA REBELDÍA CON LA QUE VIVES TU VIDA.

CÁNCER DISFRUTA MUCHO CON TUS OCURRENCIAS Y SIEMPRE SERÁ UN BUEN AMIGO PARA TI.

CON UN SIGNO MUCHO MÁS ESTABLE COMO ES TAURO OS PODÉIS RETROALIMENTAR Y APRENDER MUCHO EL UNO DEL OTRO.

La página mágica

ESTE LIBRO ES MÁGICO, COMO TÚ, Y VIENE CON UN REGALO: LA PÁGINA MÁGICA.

AUSPICIADO POR TUS PROTECTORES, PODRÁS FORMULAR UN DESEO Y AL ESCRIBIRLO, EL DESEO SE CUMPLIRÁ EN EL MOMENTO PRECISO.

CONCÉNTRATE, RESPIRA HONDO E INVOCA A MERCURIO Y A TUS PÉTALOS DE ROSA DE LA SUERTE.

EL DESEO SE CUMPLIRÁ

MI DESEO ES:

Consejos de vida para Géminis

QUERIDO GÉMINIS, TU GRAN PUNTO DÉBIL ES USAR TUS ENERGÍAS DE MANERA DEMASIADO DISPERSA. TRABAJAS EN DEMASIADAS COSAS A LA VEZ LO CUAL MUCHAS VECES NO TE PERMITE ENTREGAR EL CIEN POR CIEN DE TI EN UN PROYECTO O RELACIÓN.

ADEMÁS, MUCHAS VECES PIERDES EL INTERÉS POR LAS COSAS DEMASIADO RÁPIDO.

DATE CUENTA DE QUE SI NO ESTÁS EN EL MOMENTO PRESENTE, REALMENTE NO ESTÁS EN NINGÚN LUGAR. APRENDE A ENFOCARTE EN LO QUE TIENES EN ESTE PRECISO MOMENTO DELANTE, SEA UNA ACTIVIDAD O UNA PERSONA. ENTREGA TU FASCINANTE SER A ESTE PRECISO INSTANTE, DE ESA MANERA VIVIRÁS INTENSAMENTE, PERO DE VERDAD, NO DE PUNTILLAS COMO SUELES HACER.

EL MINDFULNESS, (ESTAR ATENTO DE MANERA INTENCIO-

NAL A LO QUE HACEMOS, SIN JUZGAR, APEGARSE, O RE-
CHAZAR EN ALGUNA FORMA LA EXPERIENCIA) ES UNA
PRÁCTICA QUE A LOS GÉMINIS PUEDE CAMBIARLES LA
VIDA. ⭐

OTRO DE TUS PUNTOS DÉBILES SON TUS NERVIOS, A
VECES VIVES EN UN ESTADO DE ANSIEDAD CONSTANTE. ⭐

TIENES UN POTENCIAL Y UN ENCANTO EXTRAORDINARIO,
CAPAZ DE LLEGAR A CONECTAR CON OTRO SER HUMANO
COMO NINGÚN OTRO SIGNO DEL ZODIACO PUEDE. SI TAN
SÓLO FUERAS CAPAZ DE TRABAJAR UN POCO TU ANSIA
POR ESTAR EN TODOS LOS LADOS A LA VEZ Y APRENDER
QUE QUIEN LO ABARCA TODO REALMENTE NO POSEE
NADA, TENDRÍAS UNA DE LAS VIDAS MÁS COMPLETAS Y
SATISFACTORIAS DE TODO EL ZODIACO. ⭐

MEDITA SOBRE EL TIEMPO, SOBRE LA VOLATILIDAD DE LA
VIDA, DEL MOMENTO, PARA SER CONSCIENTE DE QUE
CADA MINUTO ES ÚNICO, NO VUELVE, QUE CADA PERSO-
NA CON QUIEN TE RELACIONAS ES UN UNIVERSO FASCI-
NANTE DIGNO DE CONOCER PROFUNDAMENTE. ⭐

SUMÉRGETE A FONDO EN CADA SEGUNDO DE TU VIDA.